ELLAS ABRIERON CAMINO

MUJERES EN LOS NEGOCIOS

Kristen Rajczak

Traducido por
Esther Sarfatti

PowerKiDS press

Nueva York

Published in 2016 by The Rosen Publishing Group, Inc.
29 East 21st Street, New York, NY 10010

First Edition

Editor: Sarah Machajewski
Book Design: Reann Nye
Translator: Esther Sarfatti

Photo Credits: Cover (background) gui jun peng/Shutterstock.com; cover (Huffington), p. 16 Bloomberg/Getty Images; cover (Winfrey) Dave Kotinsky/Getty Images Entertainment/Getty Images; cover (Gates) Brendan Hoffman/Getty Images News/Getty Images; p. 5 FPG/Archive Photos/Getty Images; p. 6 360b/Shutterstock.com; p. 7 KAMMERMAN/Gamma-Rapho/Getty Images; p. 9 http://en.wikipedia.org/wiki/Est%C3%A9e_Lauder_%28businesswoman%29#mediaviewer/File:Estee_Lauder_NYWTS.jpg; p. 10 Robin Marchant/Getty Images Entertainment/Getty Images; p. 11 Ron Galella, Ltd./Ron Galella Collection/Getty Images; p. 13 Larry Busacca/Getty Images Entertainment/Getty Images; p. 15 Jemal Countess/Getty Images Entertainment/Getty Images; p. 17 MANPREET ROMANA/AFP/Getty Images; p. 19 Jason Kempin/Getty Images Entertainment/Getty Images; p. 21 Ramin Talaie/Getty Images News/Getty Images; p. 22 Allison Joyce/Getty Images North America/Getty Images; p. 23 Kevork Djansezian/Getty Images News/Getty Images; p. 25 (Tassler) CBS Photo Archive/CBS/Getty Images; p. 25 (Winfrey) Pan Media Agency/FilmMagic/Getty Images; p. 27 D Dipasupil/Getty Images Entertainment/Getty Images; p. 29 Tom Williams/CQ-Roll Call Group/Getty Images.

Library of Congress Cataloging-in-Publication Data

Rajczak, Kristen.
Mujeres en los negocios / Kristen Rajczak, translated by Esther Sarfatti.
pages cm. — (Ellas abrieron camino)
Includes bibliographical references and index.
ISBN 978-1-4994-0516-3 (pbk.)
ISBN 978-1-4994-0514-9 (6 pack)
ISBN 978-1-4994-0513-2 (library binding)
1. Businesswomen—Juvenile literature. 2. Women executives—Juvenile literature. I. Title.
HD6053.R35 2016
338.092'52—dc23

Manufactured in the United States of America

CPSIA Compliance Information: Batch #WS15PK: For Further Information contact Rosen Publishing, New York, New York at 1-800-237-9932

CONTENIDO

ABRIENDO CAMINO

En 1825, Rebecca Lukens asumió un papel muy poco común para una mujer de su época. Tanto su padre como su esposo habían fallecido, dejando atrás el negocio familiar, Brandywine Iron Works. Aunque Lukens podría haber vendido el negocio y dedicarse al cuidado de sus hijos, decidió hacerse cargo de las finanzas de la empresa. En ese momento, la compañía estaba **endeudada**, pero ella logró que volviera a generar beneficios. A finales de la década de 1830, y a pesar de las grandes dificultades económicas de esa época, logró encaminarla por un sendero rentable, que continuó incluso después de su muerte en 1854.

Lukens demostró lo que las mujeres eran capaces de lograr en los negocios, en una época en que la mayoría solamente se dedicaba al cuidado de sus hijos. Muchas mujeres siguieron su ejemplo y se enfrentaron a retos con respecto a la educación y a la igualdad, entre otros. Lograron el éxito no por ser mujeres sino por su propia capacidad.

LOGROS ASOMBROSOS

En 1994, la revista *Fortune* publicó que Lukens fue la primera directora ejecutiva de una empresa industrial en Estados Unidos, y la incluyeron en el Salón de la Fama Nacional de Negocios.

Según el Departamento de Trabajo de Estados Unidos, en 1920 solo el 21 por ciento de los trabajadores eran mujeres. No fue hasta la segunda mitad del siglo XX, que las mujeres comenzaron a trabajar fuera de casa.

UN COMIENZO HUMILDE

Gabrielle "Coco" Chanel nació en Francia el 19 de agosto de 1883, en un humilde hogar. Su éxito como diseñadora de moda comenzó cuando abrió una pequeña tienda de ropa y sombreros en París en 1913. Para la década de 1920, el nombre "Chanel" era sinónimo de "moda."

Los diseños de Chanel eran cómodos, prácticos y sencillos. Sus diseños resultaban totalmente **revolucionarios** en una época en la que las mujeres todavía usaban **corsés** y otra ropa **restrictiva**. Además, reflejaban el nuevo lugar que ocupaban las mujeres en la sociedad, ya que a partir de la Primera Guerra Mundial aumentó su participación en la fuerza laboral. El éxito de Chanel no se limitó a la ropa: fue la primera diseñadora de moda en ofrecer un perfume al mercado. Chanel No. 5, que debutó en 1922, fue un enorme éxito.

El logotipo de Chanel, que consiste en dos letras "C" superpuestas, es un icono de la moda actual.

Gabrielle “Coco” Chanel

Durante la Segunda Guerra Mundial, Chanel cerró sus operaciones. Pero, en 1953, cuando tenía 70 años, este icono de la moda volvió a escena, reafirmando una vez más la marca Chanel como una de las más respetadas del mundo.

LA MARAVILLA DEL MAQUILLAJE

En una ocasión, Estée Lauder se describió a sí misma como "una mujer con una misión y decidida a lograr mi sueño." Desde su comienzo, trabajando en la ferretería de su padre, hasta la creación de una marca de belleza que ha generado billones de dólares, Lauder ha demostrado la **perseverancia** y el espíritu de una verdadera **empresaria**.

Josephine Esther Mentzer nació en la ciudad de Nueva York alrededor de 1908. Sus padres eran **inmigrantes** sin muchos recursos en la época en la que ella se crió. Un tío suyo fue a vivir con la familia cuando ella era niña. Él se dedicaba a fabricar productos para el cuidado de la piel y le enseñó a su sobrina a hacer lo mismo. Cuando estaba en la escuela secundaria, ¡ella vendía las cremas de su tío a sus compañeras de clase!

Lauder convirtió su pasión por los productos de belleza en un próspero negocio. En 1946, ella y su esposo fundaron Estée Lauder, Inc.

LOGROS ASOMBROSOS

En 1958, la empresa Estée Lauder, Inc., tenía cinco empleados y generaba $850,000 en ventas.

Lauder ofrecía sesiones de maquillaje gratis a mujeres en hoteles y salones de belleza para convencerlas de que compraran sus productos.

Lauder trabajó duro para promocionar sus productos, pero no los vendía en cualquier lugar. Sabía que si los vendía en tiendas de lujo, llegarían a gente con más poder adquisitivo. Por eso, se esforzó en conseguir que las cremas de belleza, maquillaje y perfumes de la marca Estée Lauder se vendieran solamente en las mejores tiendas y salones de belleza del país.

A menudo se elogia la **tenacidad** de Lauder en los negocios, pero también hay que reconocer que fue una precursora en el área de marketing. Desde el principio, Lauder y su esposo utilizaron su pequeño presupuesto de publicidad para repartir muestras gratis de sus productos. Ofrecía "regalos" con la compra de los productos Estée Lauder, algo que muchas compañías de belleza siguen haciendo hoy en día. Además, según crecía la marca, Lauder se presentaba a la apertura de muchos mostradores de belleza. Las **estrategias** comerciales de Lauder funcionaron. Cuando se jubiló, su fortuna se estimaba en unos $5 billones.

LOGROS ASOMBROSOS

En la actualidad, la compañía Estée Lauder, Inc., es propietaria de algunas de las marcas de belleza más famosas del mundo, entre ellas M.A.C., Clinique, Origins y Aveda.

Después de jubilarse en 1995, Lauder siguió colaborando con Estée Lauder, Inc. Cuando falleció en el 2004, su familia continuaba al frente de la empresa, algo que ella siempre deseó.

BRILLANDO CON LUZ PROPIA

Durante muchos años, Melinda Gates se mantuvo a la sombra de su esposo, el cofundador de Microsoft y **filántropo** Bill Gates. Había estado involucrada en el trabajo de su esposo, sobre todo como cofundadora de la Fundación Bill y Melinda Gates, desde que se casaron en 1994. Pero hasta el año 2006 aproximadamente, Melinda Gates se concentró en otro trabajo: la crianza de sus hijos. Cuando el más joven tuvo edad para ir a la escuela, Gates pasó a asumir un papel más importante en la dirección de la fundación. Con una licenciatura en economía y un máster en negocios de la Universidad de Duke, estaba más que capacitada para ello.

En la actualidad, Melinda Gates tiene mucho poder de decisión acerca de cómo se utilizan los billones de dólares que la Fundación Gates dona cada año. Aunque lleva poco tiempo en su cargo, está claro que Melinda Gates es la visión y el alma de la fundación.

LOGROS ASOMBROSOS

En 2008, Gates dijo a la revista *Fortune*: "Pensando en las mujeres que han hecho historia, comprendí que todas habían dado un paso al frente de alguna manera." Ella supo entonces que tenía que hacer lo mismo y de esa manera convertirse en modelo a seguir para sus hijos.

Gates da muchos discursos en nombre de la Fundación Bill y Melinda Gates acerca de temas relacionados con la salud mundial, como la malaria, y también acerca de los derechos y la educación de las mujeres.

UNA CARRERA BURBUJEANTE

Indra Nooyi se convirtió en la primera directora ejecutiva de PepsiCo en el 2006. Nació en la India en 1955, y su familia esperaba que se casara nada más terminar la escuela. Pero ella tenía otros planes. Con 23 años, Nooyi se mudó a Estados Unidos para cursar un máster en administración de empresas en la Universidad de Yale.

Nooyi comenzó a trabajar en PepsiCo en 1994 y pronto asumió un papel importante en la compañía. En 1997, cuando PepsiCo vendió las empresas de comida rápida que tenía, ella participó en la reorganización. En 1998, Nooyi trabajó en la **adquisición** de Tropicana y en el 2001, en la de Quaker Oats. Su visión del futuro de la empresa era claro, y el aumento de los beneficios demostró que iba por buen camino. Nooyi siguió avanzando hasta llegar a ser directora financiera y después directora ejecutiva de la compañía.

LOGROS ASOMBROSOS

Como era de esperar, llegado el tiempo, Nooyi contrajo matrimonio. Ella y su esposo tienen dos hijas.

En el 2014, Nooyi era una de solo 26 directoras ejecutivas de empresas Fortune 500. Aquí, Nooyi (a la derecha) posa junto a otras mujeres poderosas del mundo empresarial (de izquierda a derecha): Carol Bartz, la anterior directora ejecutiva de Yahoo!, Irene Rosenfeld, la directora ejecutiva de Mondelēz International y Becky Quick, presentadora de CNBC.

Nooyi mejoró la estrategia de negocios de PepsiCo. Convenció a la empresa para que ofreciera productos más saludables, pues veía este cambio beneficioso tanto para los consumidores como para las ventas de la empresa. De hecho, en el 2013, PepsiCo produjo nueve de los 50 mejores nuevos alimentos y bebidas. Nooyi también se ha ocupado de que PepsiCo se preocupe más por el medioambiente apoyando el uso de la energía eólica y solar. Ha logrado todo esto a la vez que dirige una empresa con 274,000 empleados y más de $66 billones en ventas anuales.

Nooyi habla a menudo frente a gente de negocios importante acerca de las operaciones de PepsiCo.

Por otra parte, Nooyi ha dicho muchas veces que los asuntos más importantes no siempre se discuten en la sala de juntas. Una vez dijo a la BBC: "Al fin y al cabo, no debes olvidar que eres una persona, no debes olvidar que eres una madre, no debes olvidar que eres una esposa, no debes olvidar que eres una hija."

GANARSE LA VIDA

Martha Stewart comenzó un negocio de ***catering*** en el sótano de su casa 1976. En poco tiempo también se dio a conocer por su talento como decoradora. En diez años, su negocio tenía un valor de $1 millón. A través de su trabajo de servicio de comidas, Stewart hizo muchos contactos importantes que le facilitó la publicación de un importante libro en 1982. En 1990, lanzó la revista, *Martha Stewart Living*.

Stewart encarna el sueño americano en los negocios. Nació en Nueva Jersey en 1941, en una familia que no era particularmente acomodada ni privilegiada. De hecho, fue gracias a su familia que desarrolló la habilidad de cocinar, de saber cómo atender a invitados y de hacer manualidades. Pero Stewart también supo aplicar ese talento a los negocios, buscando maneras innovadoras de hacerlos florecer. En 1999, su empresa era lo suficientemente lucrativa para que sus acciones se pudieran cotizar en la bolsa. Esto significó que las acciones de su empresa se ofecieron al público que quisiera comprarlas. Cuando esto ocurrió, Stewart se convirtió en la primera mujer en hacerse billonaria por su propio esfuerzo.

LOGROS ASOMBROSOS

Antes de comenzar el negocio de *catering*, que fue el paso previo a fundar la empresa Martha Stewart Living Omnimedia, Stewart había trabajado como modelo.

El negocio de Stewart siempre se ha enfocado en actividades tradicionalmente de mujeres. Algunas personas no siempre han estado de acuerdo con esta filosofía de Stewart, pues piensan que una mujer exitosa no debería animar a otras mujeres a volver a su papel de amas de casa.

VAYAMOS ADELANTE

Cuando Sheryl Sandberg se convirtió en la directora de operaciones de Facebook en el 2008, la empresa aún no ganaba dinero. Sandberg, que dejó Google para trabajar en Facebook, tenía cierta experiencia en hacer rentable una empresa de internet. Había sido gerente de negocios de Google durante la creación de AdWords y AdSense, dos productos que fueron responsables de la mayor parte de las ganancias de Google. Sandberg llevó sus estrategias exitosas de publicidad a Facebook. En el 2014, la empresa tenía un valor de más de $200 billones.

Sandberg es conocida por sus excelentes capacidades de gestión y siempre se asegura de escuchar la opinión de sus empleados. **Reclutó** a los mejores ingenieros y ejecutivos de otras empresas para que trabajaran en Facebook, ayudando así a la compañía a crecer. Su labor no ha pasado desapercibida. En el 2012, se convirtió en la primera mujer en formar parte de la Junta Directiva de Facebook.

LOGROS ASOMBROSOS

En el 2014 la revista *Forbes* nombró a Sheryl Sandberg la mujer billonaria más poderosa.

Una vez Sandberg dijo a la revista *Harvard Business Review* que quería que el mundo "encontrara formas de animar a las mujeres a dar un paso adelante y de que las empresas reconocieran lo que las mujeres son capaces de aportar al mundo de los negocios."

Sandberg cree que trabajar duro puede traer el éxito a cualquier persona, pero también le gustaría ver a más mujeres en puestos altos en las grandes empresas. En el 2013, Sandberg publicó el libro *Vayamos adelante: Las mujeres, el trabajo y la voluntad de liderar*. En el libro, describe los problemas a los que se enfrentan las mujeres a la hora de avanzar en sus carreras profesionales teniendo en cuenta que muchas son las responsables del cuidado de sus hijos y de sus casas. Anima a las mujeres a "dar un paso adelante" en sus carreras profesionales en lugar de relegarse tratando de buscar un equilibrio en ambas cosas.

"Ellas mismas deciden no avanzar en sus carreras profesionales para construir una familia," Sandberg ha dicho. Sandberg cree tan firmemente en su causa, que ha creado el sitio web LeanIn.org y habla con frecuencia en conferencias de negocios y tecnología para mujeres.

Sandberg también ha luchado para encontrar el equilibrio entre el trabajo y la vida familiar, pero da mucho crédito a su familia por apoyar sus objetivos profesionales.

OPRAH

La cara de Oprah Winfrey es reconocida por su exitoso programa de entrevistas en televisión y por su revista, *O, the Oprah Magazine*. También dirige su propio canal de televisión, Oprah Winfrey Network (OWN). Aunque su éxito hoy en día es indiscutible, Winfrey comenzó como una reportera de televisión que supo convertir su talento para llevar a cabo importantes entrevistas en un imperio de los medios de comunicación.

A lo largo de su carrera, Winfrey creó sus propias oportunidades. Comenzó una compañía de producción de televisión en 1986 y otra de cine en 1990. Fue cofundadora de Oxygen Media en 1998 y fundó su propio canal de radio por satélite en el 2006. Winfrey no es solo el rostro de estas empresas, ella trabaja activamente detrás del escenario, asegurándose de que su empresa, Harpo, Inc., supervise todo lo que lleva su nombre.

LOGROS ASOMBROSOS

Winfrey fue la primera mujer afroamericana en hacerse billonaria por su propio esfuerzo.

Nina Tassler

Winfrey no es la única mujer que ha tenido éxito en la parte comercial de la industria del espectáculo. Nina Tassler, ejecutiva de televisión y estadounidense de origen hispano, es otra figura importante. En el 2011, fue reconocida por ayudar a mejorar la forma en la que las mujeres están representadas en la televisión.

EL EFECTO WEB

De **activista** política a escritora de Comedy Central, a Arianna Huffington el hecho de ser mujer nunca le ha impedido expresar sus puntos de vista. En el 2005, fue cofundadora de un espacio permanente donde puede expresarlos: el periódico de internet, *Huffington Post*. El papel de Huffington como redactora jefa y presidenta del grupo Huffington Post Media le ha merecido un lugar en las listas de la revista *Forbes* de las mujeres más importantes en los negocios.

En la revista *New Yorker*, se ha dicho que Huffington tiene el "don de escucharte de tal manera que hace sentir a la persona maravillada e insignificante a la misma vez" y que tiene una gran habilidad para hacer amigos. Esta habilidad le sirve bien cuando pide a políticos, actores y otra gente notable que escriban en su periódico. Gracias a su trabajo, Huffington ha ganado un lugar en la lista de la revista *Time* de las 100 personas más influyentes del 2006 y 2011.

LOGROS ASOMBROSOS

Huffington ha escrito muchos libros, el primero de los cuales se llama *La mujer femenina*. En él habla de los papeles del hombre y de la mujer en la sociedad.

En el 2011, America Online compró el sitio web de Huffington por $315 millones.

EL ESFUERZO PARA TRIUNFAR

Desde marcas de moda famosas a grandes empresas, muchos negocios han tenido éxito gracias a las mujeres que los dirigen. No obstante, el número de mujeres que llegan a los puestos más altos sigue siendo bajo. En Estados Unidos, las mujeres son propietarias solamente de un 30 por ciento de todas las empresas privadas y representan aproximadamente solo un 15 por ciento de los miembros de los consejos de administración de las empresas Fortune 500. Algunas mujeres de negocios sostienen que no les dan la oportunidad de ascender tan rápidamente como a los hombres y que tienen que luchar por consegir que sus voces se oigan.

Todavía existen barreras para muchas mujeres de negocios, pero las vidas de estas mujeres extraordinarias demuestran que es posible vencerlas. Demuestran la importancia de crear ellas sus propias oportunidades en lugar de esperar que otros se las ofrezcan. Sus historias de trabajo duro y perseverancia servirán de inspiración a las mujeres de negocios del mañana.

Una de las mejores formas de ser líder es convertirse en modelo a seguir para la gente joven. Anna Chávez, la directora ejecutiva de Girl Scouts of the USA, sirve de inspiración a chicas alrededor del mundo, animándolas a hacer sus sueños realidad.

LÍNEA DE TIEMPO DE MUJERES EN LOS NEGOCIOS

1809 - Mary Kies se convierte en la primera mujer en recibir una patente para su método de tejer paja con seda.

1913 - Coco Chanel abre su primera tienda en París.

1917 - Debido a la escasez laboral durante la Primera Guerra Mundial, el Congreso urge a las mujeres a trabajar.

1920 - El Departamento de Trabajo crea una agencia especial para apoyar a las mujeres en la fuerza laboral.

1934 - Lettie Pate Whitehead se convierte en la primera mujer norteamericana que forma parte del consejo de administración de una empresa grande: Coca Cola Company.

1940 – 1944 - Más de 6 millones de mujeres entran a la fuerza laboral durante la Segunda Guerra Mundial. Más de 11 millones de mujeres trabajan durante la guerra.

1946 - Estée Lauder funda Estée Lauder, Inc., con su esposo.

1963 - Se aprueba la Ley de Igualdad Salarial, según la cual es obligatorio pagar la misma cantidad a hombres y mujeres por hacer el mismo trabajo.

1967 - Muriel Siebert se convierte en la primera mujer en ocupar un asiento en la bolsa de valores de Nueva York.

1976 - Martha Stewart abre un negocio de *catering* en el sótano de su casa.

1986 - Oprah Winfrey funda la empresa Harpo Productions. En un principio, es una compañía de televisión, pero llegará a tener divisiones de cine, publicaciones y radio.

1999 - Martha Stewart se convierte en la primera mujer en hacerse billonaria por su propio esfuerzo.

2005 - Arianna Huffington funda *Huffington Post*.

2006 - Indra Nooyi se convierte en la primera directora ejecutiva de PepsiCo.

2008 - Sheryl Sandberg se convierte en directora de operaciones de Facebook.

2013 - Sandberg publica su libro *Vayamos adelante* acerca de los problemas a los que se enfrentan las mujeres para avanzar en sus carreras profesionales.

2014 - Janet Yellen es la primera mujer al frente de la Junta de la Reserva Federal.

GLOSARIO

activista: Persona que muestra fuertemente su apoyo a favor o en contra de una causa.

adquisición: Algo, como una empresa, que se compra u obtiene.

***catering*:** Negocio de suministro de comida y servicios para eventos.

corsé: Un artículo de ropa interior muy ceñido que llevan las mujeres.

empresaria: Persona que comienza un negocio y toma los riesgos necesarios para ganar dinero.

endeudada: Que tiene deudas y obligaciones.

estrategia: Un plan muy bien pensado.

filántropo: Persona que dona dinero o mercancías para que se usen en beneficio de otros.

inmigrante: Alguien que se muda a un país nuevo con la intención de quedarse a vivir.

perseverancia: Actitud o acto de continuar esforzándose incluso cuando algo resulta difícil.

reclutar: Buscar a alguien para darle un trabajo.

restrictivo: Que limita, por ejemplo, el movimiento.

revolucionario: Que implica o causa cambio.

tenacidad: La cualidad de aferrarse a algo que se considera valioso.

ÍNDICE

SITIOS DE INTERNET

Debido a que los enlaces de Internet cambian a menudo, PowerKids Press ha creado una lista de los sitios Internet que tratan sobre el tema de este libro. Este sitio se actualiza con regularidad. Por favor, usa este enlace para ver la lista: www.powerkidslinks.com/wmng/busi